The Chario

La course de chars

Lynne Benton

Pictures by Tom Sperling
French by Marie-Thérèse Bougard

Aujourd'hui, c'est jour de fête à Constantinople.
Mais Bak doit travailler aujourd'hui, comme tous les jours.
Son maître, Julius, est un homme cruel. Il bat souvent Bak.
Bak a un ami, l'âne Himaar.
Julius bat aussi Himaar.
Bak rêve d'une vie meilleure.
"On peut avoir de la chance, Himaar," murmure-t-il.

2

Today is a holiday in Constantinople.

But Bak has to work today, like every day.

His master, Julius, is a cruel man. He often beats Bak.

Bak has one friend—the donkey, Himaar.

Julius beats Himaar too.

Bak dreams of a better life.

"Our luck can change, Himaar," he whispers.

3

La grande course de chars est en ville aujourd'hui.
Un homme en char rouge conduit l'équipe rouge.
"Je suis Antonius," crie-t-il. "Je suis le meilleur!"
La foule crie: "Allez les rouges!"
Un homme en char bleu conduit l'équipe bleue.
"Ne l'écoutez pas!" crie-t-il. "Je suis Claudius,
et c'est moi le meilleur!"
La foule crie: "Allez les bleus!"
Himaar lève la tête. Il remue les oreilles.

The big chariot race is in town today.
A man in a red chariot drives the red team.
"I'm Antonius," he shouts. "I am the greatest!"
The crowd shouts, "Go Reds!"
A man in a blue chariot drives the blue team.
"Don't listen to him!" he shouts. "I'm Claudius,
and I am the greatest!"
The crowd shouts, "Go Blues!"
Himaar raises his head. He twitches his ears.

"Est-ce que je peux regarder la course?" demande Bak.
"Bien sûr que non," dit Julius. "Tu as du travail à faire.
Le potier a deux nouveaux pots pour moi.
Tu dois aller les chercher en char.
Je veux les montrer au Sénateur."
"Au Sénateur?" murmure Bak.
Le Sénateur est une personne très importante.
"Oui," dit Julius. "Après la course.
Maintenant, dépêche-toi, petit paresseux."

"Please may I watch the race?" asks Bak.

"Of course not," says Julius. "You have work to do.
The potter has two new pots for me.
You must get them in the cart.
I want to show them to the Senator."

"To the Senator?" whispers Bak.
The Senator is a very important person.

"Yes," says Julius. "After the race.
Now hurry up, you lazy boy."

Julius part pour la course de chars.

Bak brosse le pelage d'Himaar jusqu'à ce qu'il brille.

"Allez, Himaar," dit-il. "Il faut aller chercher ces pots."

Le potier est un homme gentil.

Il donne du pain et du fromage à Bak.

"Tu ne vas pas à la course, Bak? C'est dommage," dit-il.

"Tu es un bon garçon. Tu mérites mieux."

Et il met deux grands pots dans le char.

Julius leaves for the chariot race.

Bak brushes Himaar's coat till it shines.

"Come on, Himaar," he says. "We must get those pots."

The potter is a kind man.

He gives Bak some bread and cheese.

"Aren't you going to the race, Bak? That's a pity," he says.

"You are a good boy. You deserve something better."

And he puts two big pots into the cart.

Tu es un
bon garçon.
You are a good boy.

Sur le chemin du retour, Bak conduit le char prudemment.
Il ne doit pas casser les pots.
En passant devant l'arène, il entend la foule crier:
"Allez les rouges! Allez les bleus!"
"Je voudrais bien…" dit Bak. Himaar remue les oreilles.
Soudain il tourne et entre dans l'arène en courant.
Bak tire sur les rênes. "Arrête, Himaar, arrête!" crie-t-il.
Mais Himaar n'obéit pas.

On the way home, Bak drives the cart carefully.
He mustn't break the pots.
As they pass the arena, he hears the crowd shout,
"Go Reds! Go Blues!"
"I wish…" says Bak. Himaar twitches his ears.
Suddenly he turns and runs into the arena.
Bak pulls on the reins. "Stop, Himaar, stop!" he shouts.
But Himaar does not obey.

Himaar va directement sur la piste de course!
La foule crie: *"Oooooh!"*
Mais Himaar ne s'arrête toujours pas.
Il fait le tour de la piste devant les chevaux.
Bak serre bien les rênes.
Les pots font des bonds dans le char.
"Laissez-moi passer!" crie Antonius.

Himaar goes straight onto the race track!
The crowd shouts, *"Oooooh!"*
But Himaar still does not stop.
He races around the track in front of the horses.
Bak holds tightly onto the reins.
The pots bounce about in the cart.
"Get out of my way!" shouts Antonius.

Laissez-moi passer! Get out of my way!

Himaar continue à faire le tour de la piste.

Bak ne peut toujours pas l'arrêter.

L'un des pots tombe du char.

Il se casse en gros morceaux.

L'équipe rouge n'est pas loin derrière.

"Arrêtez!" crie Antonius.

Mais ses chevaux continuent.

Le char rouge roule sur le pot cassé

et bascule. Antonius tombe du char.

Himaar races around the track.
Bak still can't stop him.
One of the pots falls off the cart.
It smashes into big pieces.
The red team isn't far behind.
"Stop!" shouts Antonius.
But his horses keep going.
The red chariot rolls over the broken pot
and tips up. Antonius falls out.

L'équipe bleue double Antonius.

Claudius rit. "Qui est le meilleur maintenant?" crie-t-il.

Antonius est furieux.

Maintenant, l'équipe bleue est juste derrière l'âne emball

"Laissez-moi passer!" crie Claudius.

Himaar tourne et le deuxième pot tombe du char.

Les chevaux paniquent.

Ils font un écart à droite.

The blue team passes Antonius.

Claudius is laughing. "Who's the greatest now?" he shouts.

Antonius is furious.

Now the blue team is right behind the runaway donkey.

"Get out of my way!" shouts Claudius.

Himaar turns and the second pot falls off the cart.

The horses panic.

They swerve to the right.

Le char bleu heurte le mur. Une roue se casse.

"Oooooh!" souffle encore la foule.

Claudius n'est plus en course. Il a l'air très en colère.

"Imbécile de garçon, imbécile d'âne!" crie-t-il.

Julius se lève dans la loge du Sénateur.

"Mes pots!" crie-t-il.

La foule rit.

Mais Himaar continue sa course.

La foule l'encourage. "Vas-y, petit âne!"

18

The blue chariot hits the wall. A wheel breaks.

"*Oooooh!*" gasps the crowd again.

Claudius is out of the race. He looks very angry.

"Stupid boy, stupid donkey!" he shouts.

Julius stands up in the Senator's box.

"My pots!" he shouts.

The crowd laughs.

But Himaar races on.

The crowd cheers. "Go little donkey!"

19

20

Bak serre bien les rênes.

Ses yeux brillent maintenant.

"Tu peux y arriver, Himaar," murmure-t-il.

"Tu es rapide. Tu es intelligent. Tu peux gagner!"

Ils franchissent enfin la ligne d'arrivée.

La foule crie: "Hourrah! C'est l'âne qui gagne la course!"

Les gens jettent des fleurs au nouveau champion.

Bak holds tightly onto the reins.

His eyes are shining now.

"You can do it, Himaar," he whispers.

"You are fast. You are clever. You can win!"

At last they cross the finish line.

The crowd cheers, "Hooray! The donkey wins the race!"

People throw flowers to the new champion.

Bak descend du char. Il caresse le nez d'Himaar.

Il voit Julius et le Sénateur. "Oh non!" il dit.

Mais le Sénateur sourit. "Comment t'appelles-tu, petit?"

"Bak, monsieur," dit Bak.

"Tu conduis très bien, Bak," dit le Sénateur.

"Gagner une course de chars avec un âne, c'est nouveau!"

Mais Julius n'est pas content du tout. "Et mes pots?

Qui va les payer?"

22

Bak climbs off the cart. He strokes Himaar's nose.
He sees Julius and the Senator. "Oh no," he says.
But the Senator is smiling. "What's your name, boy?"
"Bak, sir," says Bak.
"You drive very well, Bak," says the Senator.
"Winning a chariot race with a donkey—that's new!"
But Julius isn't at all happy. "What about my pots?
Who's going to pay for them?"

Le Sénateur regarde Julius. *"Vos* pots?" demande-t-il.

"Oui, *mes* pots," dit Julius. "Le garçon travaille pour moi."

Le Sénateur a l'air sérieux. "Mais la course?

Vous ne le laissez pas faire la fête comme tout le monde?"

"C'est mon serviteur," dit Jules. "Il fait ce que je lui dis!"

"Je vois," dit le Sénateur. "Et maintenant?"

"Je vais le battre," dit Julius. "L'âne aussi!"

The Senator looks at Julius. "*Your* pots?" he asks.

"Yes, *my* pots," says Julius. "The boy works for me."

The Senator looks serious. "But what about the race?
Don't you allow him to have a holiday like everyone else?"

"He is my servant," says Julius. "He does what I tell him!"

"I see," says the Senator. "And now?"

"I'm going to beat him," says Julius. "And the donkey!"

Le garçon
travaille pour moi.
The boy works for me.

25

Le Sénateur est un homme sage. Il regarde bien Julius.

"Le garçon s'entend bien avec les animaux.

Il peut travailler pour moi. Ça te plairait, Bak?

Tu peux amener l'âne avec toi."

Bak n'en croit pas ses oreilles.

"Oui, s'il vous plaît, monsieur," dit-il.

Le Sénateur jette un sac d'argent à Julius.

"Prenez ça. Il y a assez pour tout payer—vos pots aussi."

The Senator is a wise man. He looks hard at Julius.
"The boy is good with animals.
He can work for me. Would you like that, Bak?
You can bring the donkey with you."
Bak can hardly believe his ears.
"Yes, please, sir," he says.
The Senator throws a bag of money to Julius.
"Take it. It's enough to pay for everything—your pots too."

"Courage," dit le Sénateur à Antonius et Claudius.
"Maintenant, vous savez que vous êtes aussi bons
l'un que l'autre. Et quelle course intéressante!"
Antonius et Claudius ne disent pas un mot.
Ils prennent leurs chevaux et quittent la ville.
"C'est ta faute," grogne Claudius. "Si tu…"
"Oh, tais-toi!" dit Antonius.

"Cheer up," says the Senator to Antonius and Claudius.
"Now you know you are both equally good.
And what an interesting race!"
Antonius and Claudius don't say a word.
They take their horses and leave the city.
"It's your fault," grumbles Claudius. "If you…"
"Oh, be quiet!" says Antonius.

Les années passent. Himaar est vieux maintenant.
Il ne porte plus de chargements.
Il mange de l'herbe verte sous les arbres.
Bak est un jeune homme fort.
Il aime s'occuper des chevaux du Sénateur.
Aujourd'hui, il y a une autre course de chars en ville.
Bak va conduire l'équipe du Sénateur.
"Souhaite-moi bonne chance, Himaar," dit-il.
Et Himaar remue les oreilles.

The years go by. Himaar is old now.
He doesn't carry loads any more.
He eats the green grass under the trees.
Bak is a strong young man.
He loves looking after the Senator's horses.
Today there is another chariot race in town.
Bak is going to drive the Senator's team.
"Wish me luck, Himaar," he says.
And Himaar twitches his ears.

Quiz

You will need some paper and a pencil.

1 What food does Bak eat?
What food does Himaar eat?

Find the French words on story pages 8 and 30.
Then copy and complete the sentences.

Bak mange du ...... et du .... Himaar mange de............. .

2 Match the people to the correct descriptions
and write the sentences.

Bak est   un homme sage.

Le potier est   un âne intelligent.

Julius est   un bon garçon.

Le Sénateur est   gentil.

Himaar est   cruel.

3 Choose the correct words and copy the complete sentences.
1 Il y a *un / deux / trois / quatre* pots.
2 Qui est le champion? *Antonius / Claudius / Bak / Julius*.
3 Il y a *trois / quatre / cinq* chevaux par équipe.
4 Himaar est *un cheval / un serviteur / un âne / un garçon*.

Allez
les
verts!

Go
Greens!